André Weckmann · Steinburger Balladen

Die Erstlauflage dieses Buches erschien 1997 in der Edition Isele.

André Weckmann

# Steinburger Balladen

Edition Isele

Papier aus verantwortungsvollen Quellen
Paper from responsible sources
FSC® C105338


ISBN 978-3-86142-089-7
www.klausisele.de
Druck: Libri Plureos GmbH,
Friedensallee 273, 22763 Hamburg

d nàcht esch wi blej
dr angel geht verbej
dummel di un schmeer
s làmmblüet uf d deer

## Meyer

Es war im Februar '91, als die schweren Geschwader von Ramstein nach Dahrein flogen, über sein Dorf hinweg, da sann er zurück und wusste wieder, wie es damals war, als er entfloh, und da war sein Dorf wieder und seine Heimat, die man Elsass nannte und die heute Alsace heißt, und zwischen dem Damals und dem Heute was war, was ist?

Und er ging den Gespenstern nach, stellte sie und befragte die Zeit, und die Zeit antwortete, sie entstünden immer wieder neu, nur in abgewandelter Form. Hörst du die Geschwader? Was gehen mich die Geschwader an, sprach er, ich denke an

Meyer.

Es war November '44: Der Bahnsteig im nächtlichen Nieselregen, die Lok unter Dampf, in einer Stunde ist Abfahrt, im Dorf die Gendarmen auf Fischzug, und da kommen auch schon die ersten milchbärtigen Jungs, unser letztes Aufgebot für Moloch.

Meyer,

alter Freund, wir müssen die Abfahrt verhindern, schon sind so viele gefallen, sollen denn diese da auch noch, diese da in letzter Minute verschleppt, wo doch die Front hier zusammenbricht und morgen der Spuk vorbei sein wird, lauf heim,

Meyer,

und bring das Dynamit her, das du den Pionieren geklaut, geh, hol es geschwind, es bleibt uns noch fast eine Stunde, grad Zeit genug, um das Gleis zu sprengen hinter der Bachbrück.

Meyer,

bring auch die Pistole mit, ich hab meine schon dabei, und wenn die Lok sich gelegt, holen wir die Jungs raus, und die

Gendarmen, was meinst du, was ist mit denen, werden sich wohl aus dem Staub machen, und wenn nicht, na dann knallt's halt, und dann ab mit den Jungs in die Heckgärten.

Meyer,
beeil dich, gleich ist die Zeit um, und ich hier an der Bachbrück, bald wird's zu spät sein, und schon hör ich den Pfiff des Fahrdienstleiters, und da kommt der verdammte Zug, soll ich schießen oder nicht? Aber was würd es nützen, und da fährt er vorbei im Lichtkegel meiner Stablampe mit den grau schon und alt in den Abteilfenstern hängenden Milchgesichtern.

Meyer,
endlich kommst du, wo hast du nur so lange gesteckt, hast wohl Schiss gehabt, was, genau so wie ich, wer will schon kurz vorm Happy End sein Leben riskieren, und nun ist's zu spät, sie sind weg und kommen nimmer.

Meyer,
Jahre gingen vorbei mit dir und ohne sie, die nicht mehr heimkehrten und die wir so langsam vergaßen, und dann gingst auch du, und ich vergaß dich so langsam, so langsam bis gestern in der Mondnacht.

Meyer,
da stand ich auf der Bachbrück, die Strecke schon lange stillgelegt und die Schienen abmontiert, und du saßest plötzlich auf der Brüstung. Komm, sagtest du, ich hab das Dynamit, wir sprengen das Gleis.

Meyer,
bist du verrückt, da fährt doch kein Zug mehr! Aber da kam er schon gespenstisch leise rauschend, und du sprangst aufs Geleise, hobst die Hände hoch, und die Maschine bockte und stand still, und ich sah die Jungs aus den Abteilen springen, die Wachmannschaften überwältigen und in den Bach

werfen, und sie scharten sich um dich und sprachen: Führ uns heim,

Meyer.

Und ich sah dich lachend den Schnauzbart zwirbeln und die Truppe um dich ordnen, bei deren Anblick ich erschrak, denn nun bemerkte ich erst, dass das nicht unsere Jungs waren.

Meyer!

Wo kommen denn diese Araber, Neger und Amerikaner her, das sind doch nicht die Unsrigen! Du aber sprachst: Oh doch, schau sie dir genau an, in jedem von ihnen erkennst du den Hausser, den Minni, den Rolling und wie sie alle heißen. Die Jungs aber drängten: Bring uns heim,

Meyer,

dass endlich Frieden sei. Und du sprachst: Ja, kommt. Und führtest sie auf Schleichwegen hinauf zum Dorf, eine Nebelwand hinter dir herziehend. Dann fegte der Wind den Bahndamm leer, und der Nachthimmel dröhnte von schweren Geschwadern nach Süden.

Meyer.

## Der Steinmarder

Ich hatte drei Eisenbahnschwellen in den Boden gerammt, sie sollten ein Vordach tragen zur Scheuerbaracke, darunter ich mein Winterholz beigen wollte, aber es kam nicht zum Vordach, war mir doch Zimmern und Dachdecken zu kompliziert.

Nun stehen die drei Schwellen nutzlos und tot da, höchstens als Marterpfähle zu gebrauchen, wenn Kinder vorbeikommen zum Indianerspielen.

Ich stülpte einer jeden von ihnen des Regens und Faulens wegen einen verrosteten Helm auf, der eine hatte Sergent Lebel aus Paris-Belleville gehört, der andere Unteroffizier Klietz aus Hamburg-Altona und der dritte Sergeant Boaz aus Idaho.

Auf dem Scheuerdach der Steinmarder in der Sonne: Wir beide wissen, hier sind wir sicher, denn hinter uns verläuft der Bahndamm, und da traut sich kein Jäger hin, und in den Brombeerhecken die Fluchtwege.

Dann sind Lebel und Klietz und Boaz aus ihren Helmen gestiegen, und nun saßen wir unter dem Klarpapfel und spielten Rommé, Lebel roch nach Soir de Paris, Klietz nach Stiefelleder, Boaz nach Virginia blend, ich nach einer Dreiermischung, der Marder nach Sonne.

Und den Lebel hat man in Lothringen begraben, den Klietz in Workuta, den Boaz bei Bastogne, und ich hab im Mai mit Rita Hayworth den Sieg gefeiert.

Ach, Quatsch, brummte der Marder, du mit deinem Veteranengeschwätz. Was weißt denn du, Marder, erwiderte ich, wie damals Soir de Paris roch und Stiefelleder und Virginia blend, und Rommé spielen kannst du auch nicht.

Da kletterten die drei an den Schwellen hoch, um dem Marder beizukommen, denn Lebel wollte eine Pelzstola für

Simone, Klietz brauchte Ohrenschützer und Boaz eine Trappermütze.

Wisst ihr denn nicht, dass ich unter Artenschutz stehe! schrie der Marder. Standen wir auch! lachten die drei und wollten sich die Helme überstülpen, doch diese verschluckten sie prompt.

Jetzt legte ich an, denn ich wollte einen Muff für die Hayworth, aber da brauste der Orient-Express vorbei, der Marder setzte vom Scheuerdach auf den letzten Wagen und fuhr grinsend davon.

Im Tunnel wird ihn der Luftdruck ’runterhauen, sagte ich zu mir, sammelte die Rommékarten ein und aß einen Klarapfel.

Bald aber kam er wieder zurück, brachte die Kinder mit, die banden mich an die mittlere Schwelle und schoben meine Kulisse von der Bühne.

Einer muss doch dableiben, schrie ich verzweifelt, einer, der weiß, wie’s war, auch Geschichte steht unter Artenschutz! Doch sie lachten nur und zogen unbekümmert in den Horizont, der Steinmarder aber trollte sich in die Brombeeren.

Sommerpelz, sagte ich mir, ihm nachschauend, eigentlich wertlos, da hätt mich die Hayworth glatt ausgelacht.

s and hetni erkannt
s and kummt gerannt
blande düetni s and
en döisig brand

## Der Ring an der Wirtshausmauer

1934
Zwei dumpfe Ackergäule
die Zügel im Ring eingehängt
der Fuhrmann drinnen und der Wirt
von früher erzählend wie's war
in der uralten Sprache
an
der Kreuzung gingen die Pferde durch
aus irgendeinem Grund oder keinem
und schleiften den Fuhrmann am Zügel
bis vor sein Hoftor
man
verkaufte Pferde und Wagen
denn
sie waren noch brauchbar.

1944
Wie ein Saurier der Panzer
zum Jux an dem Ring festgezurrt
der Schwarze drinnen und der Wirt
von früher erzählend wie's war
jeder in seiner Sprache
an
der Kreuzung traf den Schwarzen die Faust
aus irgendeinem Grund oder keinem
er schaffte es noch bis zur Luke
und knickte entzwei
man
brachte den Panzer zur Werkstatt
denn
er war ja noch brauchbar.

1974
Die schwarze Harley-Davidson
ein Rad an den Ring gekettet
der Rocker drinnen und der Wirt
von früher erzählend wie's war
in der modernen Sprache
an
der Kreuzung flog er aus dem Sattel
aus irgendeinem Grund oder keinem
die Maschine brach ihm die Beine
der Bordstein den Hals
man
verkaufte Motorrad und Helm
denn
sie waren ja noch brauchbar.

1984
Im Rollstuhl der Wirt der greise
zur Vorsicht am Ring festgemacht
der Alte nun draußen allein
von früher erzählend wie's war
in der senilen Sprache
da
kamen die drei von der Kreuzung her
aus irgendeinem Grund oder keinem
lösten dem Verwirrten die Fesseln
und nahmen ihn mit
man
verkaufte den Rollstuhl des Wirts
denn
er war ja noch brauchbar.

Am Ring an der Wirtshausmauer
hängt nun die leere Zeit.

## Die Panzer

So war das Leben der Panzer:

Am ersten Tag
schossen sie Löcher in unsere Häuser
am zweiten Tag
verteilten sie Kaugummi unter die Kinder
und tanzten Jitterbug
am dritten Tag
brannten sie aus

nun stehen sie auf Denkmalsockeln
in der Landschaft herum
wertlos nutzlos dumm

nur dann und wann
erinnert sich ein altgewordenes Kind
an seinen ersten Kaugummi:

So ist das Leben der Panzer.

reesele fliëj
vaijele bliëj
zwesche de mine waeide kiëj
àm wäschsael raeizelt de kriëj

## Die Flucht

Wir hatten uns Fluchtwege angelegt
durch Wälder und Schluchten
von Sandsteingrotte zu Kalksteinhöhle
und Fallen gestellt für ihre Jäger und Hunde
denn wir glaubten
dass es uns einmal mehr gelänge
wie früher so oft
wenn sie kämen um uns zu zwingen.

Da schickten sie die Wolke her
und vergifteten Beere und Pilz
und Hase und Wasser
wir aber lernten uns schützen
dichteten die Höhlen ab
versahen sie mit Proviant
schafften uns Geigerzähler an
und Schutzkleidung
die kriegen uns nicht sagten wir
und hielten uns fluchtbereit.

Doch jetzt haben ihre Raumspäher
unseren Trampelpfad entdeckt
Infrarotgeräte unsere Höhlen
tomographiert
und Laserbündel brennen die
trap line leer.
Nun liegen wir nackt ihnen ausgeliefert
wie der Regenwurm auf heißem Asphalt
und ihre Horcher dekodieren
die Vibrationen unserer Seele.
Sinnlos ist die Flucht?

# Hoffnung

Wir wohnen unter ihnen
wie Schatten die sich verflüchtigen
wenn man nach ihnen greift.

Wir sprechen ihre Sprache
doch unser Wort ist gleich geblieben
wie in der Zeit zuvor.

Sie lächeln stolz und wähnen
uns endgültig gezähmt zu haben
auf DIN-Norm eingeschwor'n.

Doch eines Tages werden
sie selbst in die Computer steigen
und war games spielen live.

Dann fliehn wir in die Tunnels
die nächtens heimlich wir gegraben
in der leisen Hoffnung

dass wir dort Wurzeln schlagen
und saftig aus dem Erdreich sprießen
für eine Zeit danach.

àlt worre esch s wort
waldi un miëd
s diiwel esch furt
un üs unser liëd

## Der Vater

Es war im ersten Krieg
das böse Kreuz schlug im Wind über uns
und rot flammte ukrainische Erde
der Vater im Nachtrevier auf Pirsch
das Jagdgewehr in der Hand:
Wo bist du Sohn
ich hab den Kontinent durchquert
und suche dich und suche dich
auf Panzergleisen durch Stacheldraht
und Minenfelder
wo haben sie dich hingeschleppt
in des großen Würgers Namen
warum hab ich dich nur fortziehn lassen
und jetzt ist's vielleicht
zu spät.
Da fand er endlich die Schweißspur
die ihn zu jenem Graben führte
hinter Shitomir
wo bereits der Aasgeier über ihm schwebte
und der Gerippte den Hirschfänger
schwang zum letzten Stoß.
Und der Vater lud ihn sich auf den Rücken
und schleppte ihn auf versteckten Pfaden
die nur ein Vater kennt
bis zur Höhle im heimischen Berg
pflegte ihn saß vorm Eingang
das Jagdgewehr auf den Knien und schwor
Den holt er mir nicht ein zweites Mal.

Es war im zweiten Krieg
es schlug eine andere Flagge im Winde
und rot flammte vietnamesische Erde
der Vater im Nachtrevier auf Pirsch
das Jagdgewehr in der Hand:
Wo bist du mein zweiter Sohn
ich hab die halbe Erde durchquert
und suche dich und suche dich
im Dschungelgewirr in verminten Reisfeldern
in verbrannten Dörfern
wo haben sie dich hingeschleppt
in wessen Würgers Namen
warum hab ich dich nur fortziehn lassen
und jetzt ist's vielleicht
zu spät.
Da fand er endlich die Schweißspur
die ihn zu jenem Erdloch führte
hinter Hanoi
wo bereits der Aasgeier über ihm schwebte
und der Gerippte den Hirschfänger
schwang zum letzten Stoß.
Und der Vater lud ihn sich auf den Rücken
und schleppte ihn auf versteckten Pfaden
die nur ein Vater kennt
bis zur Höhle im heimischen Berg
pflegte ihn saß vorm Eingang
das Jagdgewehr auf den Knien und schwor:
Den holt ihr mir nicht ein zweites Mal.

Es war im dritten Krieg
es flatterten immer noch Flaggen im Winde
und rot flammte algerische Erde
der Vater im Nachtrevier auf Pirsch
das Jagdgewehr in der Hand:
Wo bist du mein dritter Sohn
ich hab das Meer überquert
und suche dich und suche dich
in Palmenhainen im Wüstensturm
in zerschossenen Duars
wo haben sie dich hingeschleppt
und in wessen Namen
warum hab ich dich nur fortziehn lassen
und jetzt ist's vielleicht
zu spät.
Da fand er endlich die Schweißspur
und den dritten Sohn an den Türbalken genagelt
hinter Algier
wo bereits der Aasgeier über ihm schwebte
und der Gerippte den Hirschfänger
schwang zum letzten Stoß.
Und der Vater lud ihn sich auf den Rücken
und schleppte ihn auf versteckten Pfaden
die nur ein Vater kennt
bis zur Höhle im heimischen Berg
pflegte ihn saß vorm Eingang
das Jagdgewehr auf den Knien und schwor:
Auch den holt er mir nicht ein zweites Mal.

Es vergingen Jahre des Friedens nun wie man glaubte
und die Leute schüttelten lachend den Kopf
über den senilen Alten
der im Garten sitzend das Jagdgewehr auf den Knien
immer wieder von Nachtpirschen faselt
durch die Steppe durch den Dschungel
durch die Wüste:
Den holt er mir nicht ein zweites Mal.
Da kam der Fremde ins Dorf
erkundigte sich nach ihm und setzte sich neben ihn
und sprach:
Mach dich wieder auf es gilt andere Söhne zu retten
du kennst das du kannst das
und er nannte Namen wie Rwanda Tschetschenien
Afghanistan und all diejenigen
die noch hinzukommen werden.
Und der Alte fragte:
Wer bist Du? Du siehst aus wie Gott
wozu brauchst Du mich dann
könntest Du es nicht selber?
Und der Fremde antwortete:
Auf mich hört keiner mehr und haben sie mich nicht
auf ihre Fahnen geschrieben?
Also mach dich auf
du bist meine letzte Hoffnung.

Da nickte der Vater ihm zu
schlug ihm auf die Schulter
nahm sein verrostetes Jagdgewehr in die Hand
machte sich auf den Weg
und rief:
Wo seid ihr alle meine Söhne
wo seid ihr in welchem Erdloch

in welchem Graben
an welchen Türbalken genagelt?
Und wenn es nur drei sind
die ich heimhole
ich werde laufen laufen bis ans Ende der Welt
bis ans Ende der Zeit.

Während der Fremde sich auf die Gartenbank setzte
plötzlich wie der Alte aussah
und sich von den Leuten auslachen ließ.

## Toter Bahnhof

Glasiges Licht glasige Schwärze
der Bahnsteig fällt irgendwo
in die Nacht aus der dann jäh
der Leuchtwurm kriecht anschwillt und
vorbeidonnert
aus dem Bahnhofsgebäude flattern Gardinen
Läden schlagen am Haken und letzte
Scheibenfetzen klirren zu Boden.

Da steigt der dicke Schaffner aus der alten Zeit
schlurft zur Sperre die Lochzange in der Hand
und es schlafwandeln die Arbeiter zur Fabrik und
es schnattern die Frauen zum Markt und
es fahren die Rekruten zur Kaserne es
kommen die Soldaten auf Urlaub es
weinen die Bräute und
der Schaffner steht an der Sperre zur Heimat
zur Fremde.

Glasig leer der Bahnsteig
Nordwest peitscht Kristall in die Augen
und der Schaffner schon lange tot
wer grüßt nun die Heimkehrer wer
tröstet die Zurückbleibenden
aber das war ja
die alte Zeit.

Da stapft der tote Schaffner mit der Sturmlaterne
zum Abstellgleis wo die verrotteten
Wagen auf den Ausschlachter warten
er schwingt sich aufs Trittbrett

er schwenkt die Laterne und der tote
Lokführer öffnet den Dampfpfeifhahn und
der tote Stellwerker gibt lachend
die Weiche frei.

Im Bahnhof winken die Gardinen nach
wie zerfetzte weiße Fahnen.

e seeri liir
üs àlde zitte
wi kàldes fiir
wàs solls beditte

## Kanaan

Im Sonnenaufgang durch die Heide gewandert
barfuß im Tau und was schert uns das Ziel
’s hat Zeit ’s hat Zeit
sagten wir
aus den Quellen getrunken am Bach uns geliebt
es tanzten Libellen im Sog.

Am Kanaldamm nahmen uns Tiefflieger aufs Korn
wir bauten uns Bunker aus Kanalschiffwracks
da verschlangen die Wellen des Pharaos Heer
und wir schwammen übern Kanal
’s war Zeit ’s war Zeit
sagten wir.

Da lagen die Sumpfwiesen gebreitet vor uns
nun Gräben gezogen Rohre gelegt!
’s hätt Zeit ’s hätt Zeit
sagten wir
doch das sei euch nun Heimat gebot uns der Herr
schafft Kinder und Herden euch an.

In der Abendsonne dämmerte nun das Land
gemehrt die Herden gesättigt das Volk
lasst uns setzen zur Ruh und lasst preisen das Werk –
da stieg einer aus mir ein Sehnen im Blick
’s ist Zeit ’s ist Zeit
sprach er.

Wer bist du fragte ich
Ich bin der du warst sagte er
Wohin willst du fragte ich

Zurück sagte er
ich hab was verloren
sind es Augen sind es Spuren sind es
ist es die Quelle ist es der Bunker ist es.

Da schied einer von mir
schwamm über den Kanal
watete durch den Bach
irgendwo ging auch er mir verloren.

Wohin die Zeit.

## Paradies 2

Es war nach dem großen Weltuntergang als wir nackt aus dem giftigen Schlamm krochen und Ausschau hielten nach einer Insel auf die wir uns retten könnten

Da führte uns der Engel des Herrn durch einen Erlenaufwuchs sein Haar schwarzviolett mit Erlenblattkäfern besät und seine Langschäfter mit Schnecken

Der Boden war schwammig denn die Trennung von Gewässer und Festland hatte erst vor kurzem stattgefunden es war dies geschehen am dritten Tag

Und der Engel des Herrn sprach: Seht das ist Pionierholz Erschließer von Neuland festigt den Boden drum fällt es nicht bevor es seine Arbeit getan

aber was sag ich wozu braucht ihr Holz haben wir nicht für alles gesorgt Wärme und Licht unter Gottes Hand frei sollt ihr sein von jeglichen Zwängen

Er schlug mit der Machete einen mäandernden Pfad durch ein weites Dornengewirr bis zu einer Margeritenlichtung dort standen ein Kirsch- und ein Apfelbaum

Er schüttelte seinen Sack aus, und es flatterten Vögel Immen und allerlei Getier in den Dorn die Margeriten und die Bäume dann sprach er:

Freut euch am Gezwitscher und Gesumme und der Honig süße den Sang eurer Lippen und esset die Kirsche für die Lust und den Apfel für die Kraft

Und schaut nun wie ihr zurecht kommt mit der neuen Gerechtsame nach dem ersten misslungenen Versuch müsste es nun endgültig klappen Dann entschwand er

Wir schauten uns an und fanden uns schön wir kamen uns näher und berührten uns die Margeriten empfingen uns und die Kirsche wanderte von Mund zu Mund

Machen wir uns eine Ewigkeit draus sagten wir zueinander

Doch bald kannten wir uns auswendig jedes Härchen jedes Fältchen jeden Schimmer der Haut und wir schritten die Gerechtsame ab und fanden sie zu klein

Und wir wurden der ewigen Margeriten überdrüssig wir mieden die Kirschen und zogen die Äpfel vor bald war uns das Getier lästig und wir gingen ans Werk

Wir fingen den Fuchs und das Wildpferd ein zogen ihnen das Fell ab und kleideten uns damit denn wir konnten des anderen Nacktheit nicht mehr ertragen

Und wir warfen Feuer in die Dornen schlugen Igel und Schlangen tot wir sprühten Gift auf die Erlen und machten dem Erlenblattkäfer den Garaus

Wir rissen die Margeriten aus säten Getreide wir stapelten das Korn in Silos und hielten vergeblich Ausschau nach Käufern

Und als der Engel des Herrn zurückkam hielten wir ihm einen Zettel mit unseren Forderungen nach Gesellschaft Ordnung und Gewinn unter die Nase

Da sprach er mit trauriger Stimme: Und ich glaubte ihr liebtet euch und der erste Versuch wäre euch eine heilsame Lehre gewesen nun denn

macht sie euch ein zweites Mal untertan die Erde aber eines Tages werde ich sie von euch zurückfordern und wehe ihr habt sie mir noch einmal verhunzt

Wir lachten aber und sagten: Wir haben ja eine volle Million von Jahren vor uns nun lass uns diese Geschichte genießen mit Pfeffer und Salz das Ganze noch mal!

Geht's aus wie's will und wer hat uns denn diesen Trieb zur Selbständigkeit in Fleisch und Seele gelegt wenn nicht Du selber?

Da drehte der Herr das Licht aus und weinte bitterlich und seitdem irren wir durch die kalte Nacht Er und wir

Und suchen einander die Hände ausgestreckt bis dass einmal unsre Finger sich finden würden und bei diesem Kontakt Licht entstünde

das andere Licht.

s lawe glüwe
üsm latt
s liëcht glüwe
üs de schatt

## Herbstblätter

Wir sind wie welke Blätter vom Baum gefallen
in unserm Herbst
und vom Sturmwind aufgenommen
stolz darauf
vom heimischen Baum gefallen zu sein
stolz darauf
in die weite Welt getragen zu werden
und wir landen dann
wenn der Wind sich gelegt
auf irgendeinem Misthaufen der Weltgeschichte
ergötzen uns zuletzt
am eigenen Modergeruch
obwohl es gerade noch reicht
zum Düngen von verkrüppelten Träumen.

Oder wandern unsere Moleküle weiter
an den Stängeln der Brennnesseln hoch
und entfalten das Tagpfauenauge?

So hätten wir doch nicht umsonst gelebt.

## Wie weit ist's noch bis Prag?

Das Dorf läuft aus, stellte sie fest, was tu ich nur, das Dorf läuft aus, die Trecks ziehn nach Westen, schon sind die ersten über die Steige, was wollen sie nur, wohl ganz verschüttgehn, denn hatten wir nicht schon Westen genug hier, grad was wir brauchten, um satt zu sein? Das Dorf läuft aus.

Und keiner schaut sich um nach mir, glauben sie wohl, ich klebe an ihren Schuhsohlen, man nehme mich in Flaschen mit, ein bisschen Erde oder einen Keimling, einen gedörrten Blumenstrauß, so das wär's, und man schneuzt sich zum letzten Male, ade du mein lieb, nein, das singen sie nicht, haben sie schon längst vergessen, was soll's auch, ja, so sei nun mal der Fortschritt der Sonne nach, und die Lemminge stürzen sich von den Klippen in den Ozean.

Was tue ich nun? Nutzlos geworden, leer geworden, schal war's eigentlich schon lange, hatte es nur nicht gemerkt, und nun hat der Letzte den Laster geladen hoch hinaus, nochmal die Kulisse gefilmt als Souvenir, das Dorf läuft aus.

Und weiter sprach sie: Wohin nun mit dir, wohin? Nie hältst du es aus im Seelenlosen, drum mach dich auf den Weg nach Osten zurück, von wo du einst herkamst: Wie weit ist's noch bis Prag?

Das wär das erste Ziel. Ob ich nicht bleiben wolle, fragt der Dichter auf der Burg. Ich sag, da wären doch auch noch Krakau, Budapest, und wie weit ist es bis Czernowitz? Ach was, Czernowitz, der Zauber hin auch dort im Einheitsbeton.

Tja, nach Osten, von wo ich herkam, wir kamen alle von dort, von der Sonne ausgebrütet und von ihr vor sich hergejagt, das sei der Lauf der Dinge. Ich weiß, ich schwimme gegen den Strom, ich weiß, es ist barer Unsinn, ich weiß, nie werd ich ankommen, ist Heimat noch irgendwo zuhaus?

Nun doch zum Dichter gehen auf der Burg zu Prag. Was bringst du mit? fragt er. Schau her, ein Dorf, sag ich. Ein ausgelaufenes Dorf, füll es mir mit Seele. Doch er wusste keinen Rat.

Sie lief übers Feld, fragte Bäume und Büsche: Wo bin ich denn hier? Am Narrenberg, hörte sie. Im Weißling. Im Espenwald. Im Lämmerallmend. Am Greßweg. Und ein zweites Mal: Am Narrenberg. Im Kreis gelaufen also, kann man hier anders als im Kreis laufen, in dessen Mitte das Dorf. Und sie sprach zum Dorf:

Was weißt du von Czernowitz, von Krakau, von Budapest, die andere Ferne? Das Dorf blieb stumm.

Dann stieg sie in den Zug und fragte den Schaffner: Wie weit ist's noch bis Prag?

Und der sprach: Sie haben nur bis zur Grenze gelöst, chère Madame.

uf wivel irrkrüt schun gedàppt
un d wajstiir nemi gefunde
sich salwer no genàrrekàppt
un bare ufgebunde

## Die Grabstele

Ich grub die Grabstele aus dem Moos
grob in Form eines kurzen Walmdachs gehauen
schätzte das Alter auf zweitausend
die Stele entdeckt zu Silvester auf dem Berg
zwischen den Mauerresten des Walls.

Wer warst du, Vorfahr?
bin ich nicht sagte er
wo ist dann dein Volk hin? fragte ich
ein Drittel erschlagen
antwortete er
ein Drittel übergelaufen
ein Drittel in den tiefen Wäldern
verschütt gegangen
und dein Volk? fragte er
ist es immer noch da
oder hat man es auch erschlagen?

Heute erschlägt man nicht mehr
antwortete ich
heute schicken sie Flötenspieler ins Land
die dir die Kinder weglocken
wie klingt denn diese Musik? fragte er
schön sagte ich sehr schön
könntest du nicht auch Flöte spielen fragte er
so schön wie sie?
oh doch antwortete ich man hat uns aber die Flöten
weggenommen.

Tja sagte er
eigentlich geschieht's dir recht
es waren ja deine Ahnen
die mich hier erschlagen haben
siehst du
es kommt ein jedes Volk mal dran
auch die Flötenspieler? fragte ich
auch sie sagte er
und sie werden dann an dein Grab kommen
um sich auszujammern
wie du heute.

Er lachte steinern
ich stieß die Stele mit dem Fuß um
ein Hirsch schritt vorbei
Hirsche leben ewig.

## Die Attrappen

Man nannte ihn im Dorf den sanften Rebellen,
was ihm missfiel, denn mit Sanftmut ist bekanntlich
kein Staat zu machen, sagt man nicht von ihr, sie sei
die Schwester der Ohnmacht?

Als er von der Absicht des Gouverneurs erfuhr,
sich das Dorf endgültig gefügig zu machen,
fasste er den Entschluss,
sich dieser Vereinnahmung zu widersetzen,
denn er wusste wohl, dass er nach diesem Besuch
sein Heimatdorf nicht wiedererkennen würde,
hinterließ doch dieser Herr in allen Gassen
eine breite seimige Spur, in der alle
Leute kleben blieben.

Er erbat sich also von den Bauern eine
Fuhre Heu- und Strohballen, die er zu einer Barrikade
aufbaute, und er sagte sich:
da stopp ich ihn und red ihm ins Gewissen, und
wir halten ein großes Palaver ab, und wenn
er so ein Demokrat ist, wie er es vorgibt,
wird ein Kompromiss draus,
wir verleihen ihm die kommunale Ehren-
medaille und erkennen ihn als Herrn an,
er aber lasse uns weiter nach unserer
Fassong selig werden.

Da kam auch schon die Limousine gefahren,
der Widerspenstige stand vor seiner Barri-
kade und gebot Halt, doch die Limousine
gab Gas, der Wagen durchbrach die Heustrohbarri-

kade, dabei streifte der Auspuff den Asphalt,
so dass Funken sprühten, die das Heustroh in Brand
setzten und das Fahrzeug dito, er stieß einen
Angstschrei aus, doch da sprach
jemand hinter ihm, er solle beruhigt sein,
denn der Wagen sei nur eine Attrappe und
der Herr sei schon längst im Dorf.

Er drehte sich um, und hinter ihm stand aalglatt
lächelnd der Sekretär des Gouverneurs, doch das
Flammenmeer wirbelte nun ganze Heuholzstroh-
klumpen in die Luft, die vom selbsterzeugten Wind übers
Dorf gejagt wurden und als Funkenregen auf
die Gebäude fielen,
so dass bald das ganze Dorf lichterloh brannte.

Da schrie der Sekretär des Gouverneurs: Das Dorf
brennt! Wo ist die Feuerwehr? Aber der Rebell
lachte, die Häuser seien auch nur Attrappen,
und es geschehe dem Gouverneur recht, wenn er
als feuriger Mann durch das Dorf rennen müsse.

Und er erzählte dem Sekretär die Sage
von jenen feurigen Männern, die in alle
Ewigkeit als Fackel laufen müssten, weil sie
zu Lebzeiten Grenzsteine zu ihren Gunsten
versetzt hätten, doch da lachte nun wiederum
der Sekretär und sprach,
der ins Dorf gelangte Gouverneur sei eben
auch eine Attrappe, und man habe sein Spiel
durchschaut,
und Ohnmacht könnte noch so trickreich agieren,
gegen Macht sei nun mal kein Kraut gewachsen.

Dann verflüchtigte sich der Sekretär, und der
sanfte Rebell fragte sich, ob er nun vernich-
tet vor den Trümmern seines Lebens stehe als
Attrappe seiner selbst,
da rumpelte es vor ihm, das Dorf stand aus dem
Aschehaufen auf und breitete sich über
die ganze Gemarkung aus, und in den Feldern
wuchsen Vogelscheuchen, die sämtlich die Gestalt
des Gouverneurs hatten, und das Gelächter des
sanften Rebellen scholl
über das ganze Land.

d poete ungspitzt
en de bodde gschlawe
e grimàss ningeritzt
s esch nix meh ze sawe

## Mein toter Hund

Es ist Nacht geworden im Land
tiefschwarz
wo sind die Sterne hin und meine Sturmlaterne
zündet nur bis zum nächsten Baum
wie find ich nach Haus…

Glitschiges auf dem Weg und das höhnische Lachen
von Hyänen von Echo zu Echo
ich rufe
doch man hat mir die Stimme gebrochen
ich bete
doch Gott scheint nicht unterwegs zu sein.

Es ist Nacht geworden im Land
und ich weiß die Sheriffs lauern jedem auf
der aus der Reihe tanzt
aber noch hab ich meine Hände die die Konturen
abtasten des Lands
noch hab ich meine Füße
die seine Länge kennen und Breite
noch hab ich einen Rest von Stimme: den heb ich auf.

Und Glitschiges auf dem Weg
das Zischen in den Gräsern
und das Lachen von Hyänen
ich weiß es gibt den Weg nach Haus
doch sie haben mir alle Weichen verstellt
ach hätt ich nur den Hund bei mir
aber mein Hund ist tot.

Es ist Nacht geworden im Land
tiefschwarz
und es soll keinen Morgen mehr geben
haben sie gesagt
ehe wir nicht in Sack und Asche
der Heimat abgeschworen.

Wie find ich heim durch eigene
und fremdbestimmte Wirrung?
Ach hätt ich nur den Hund bei mir
aber mein Hund ist tot.

Da spür ich ein Reiben an meinem Bein
da spür ich eine rauhe Zunge auf meiner Hand
er ist's du bist's
sag ich
jetzt schaffen wir's.

Mein Hund und ich wir schreiten das Land ab
und in der Diagonale liegt mein Haus
und mein Hund schnappt die Schlange hinterm Kopf
und mein Hund faucht die Hyänen weg
mein Hund die Nase auf der Spur unsrer Träume.

Als der Morgen dämmert kommen wir an
doch vor dem Haus stehen die Sheriffs
und lachen wie Hyänen
sind wir verloren?
Da wächst mein Hund und wächst
wird riesengroß und knurrt:
Sitz auf!

Und wir springen die Uriane an wir reiten sie nieder
da kracht Holz Stroh knistert Blechfetzen scheppern
und wir scharren die Butzemänner
auf einen Haufen zusammen
das wär's also gewesen und sonst nicht?

Jubilierend schwingt sich die Sonne aufs Dach
und frische Träume sprießen aus dem alten Stamm.

Wo bist du hin mein Hund?
Komm lass uns die Freiheit feiern!
Da rollt ein Kiesel vom Steinmännle
das ich auf seinem Grab gebaut
nachdem die Sheriffs ihn mir hinterrücks erschossen.
Wo bist du hin?
Der Kiesel rollt zum Bach hinab.

Ich schau ihm nach:
Unten am Wasser schreitet Gott langsam in die Sonne
hinter ihm
mein Hund.

»Was kummsch dü jetz mitm Hitler / der isch doch schun lang tot! / Tot? …« (Aus: »Fremdi Getter«)

## Alptraum unterm Nussbaum
## auf der Anhöhe überm Land

Ich saß unterm Nussbaum auf der Anhöhe
überm Land
die Sonne sengend und meine Lider bleiern
gestern war Wahltag gewesen
sie hatten verschämt an mir vorbeigeschaut
als die Urne gekippt wurde
nur der Jenische
vor seiner Baracke in den Brennnesseln am Dorfrand
beim Zerlegen von Schrott
grüßte mich und sagte:
Chef
’s ist einer der letzten schönen Tage
profitiert nur davon!

Ich saß unterm Nussbaum auf der Anhöhe
überm Land
meine Lider schwer in der sengenden Sonne
und der Alp erfasste mich und ich sah:

Wie Beelzebub Moloch zeugte und Moloch
kam über uns mit Feuer Schwefel Gas und Rauch
und als Moloch im eigenen Gift verendete
flog sein Samen über die Erde und fiel nieder
wie böser Regen
und der Samen keimte so dass aus ihm wuchsen
allerlei Unholde Hexer und Verführer

für jedes Volk einer
die einen in Uniform die anderen im Zweireiher
andere noch hemdsärmelig salopp
und einer kam sogar als dicklicher leutseliger Kasper
daher
und sie predigten Molochs Geist in abgewandelter
getarnter Form
mal polternd mal fauchend mal schmeichelnd
mal ölig
sie alle mit vaterländischen Fotzeln behängt.

Uns wurde der Kasper zuteil
patschhändig fuhr er über die Köpfe der Unsrigen
und das Volk gluckste:
Jaja das ist unser Mann!
Und er prahlte: Ich bin die Heilung von allem Übel
so jagt denn die Unwürdigen von ihren Sesseln!
Und er bellte: Ich bin der Besen und die Ordnung
so jagt denn alles Artfremde in die Wüsten
und Dschungel zurück
aus denen sie gekrochen!
Und er trompetete: Ich rette euch das Vaterland
das hehre das gute das reine
das sei euch heilig.

Und die Leute sagten freudigen Herzens zueinander:
Jaja das ist unser Mann!
Jagen wir also die Unwürdigen von ihren Sesseln!
Jagen wir also die Artfremden in ihre Wüsten
und Dschungel zurück!
So dass wir ein Volk guter Rasse bleiben
und kein Mischvolk werden
und halten wir die Fahne hoch

in Kaspers vaterländischem Geist und Namen!
Amen.

Dann hielten sie Ausschau nach den Sündenböcken
die aber hatten sich schon bekehrt
und waren nicht mehr ausfindig zu machen.
Dann hielten sie Ausschau nach den Artfremden
und entdeckten mit Schrecken
dass diese unter ihnen saßen und standen
im selben Treppenhaus an derselben Werkbank
in denselben Büros und Straßenbahnen
nur hatten sie es nicht bemerkt
was Neger was Araber was Asiate was Zigeuner
was Jude was Landstreicher
was was was
weg weg weg!
nur den Jenischen übersahen sie in seiner Baracke
in den Brennnesseln am Dorfrand.

Und sie hoben die Fahne hoch
und sie behängten sich mit Kaspers gezinkten
vaterländischen Slogans
während Kaspers Blick sie zufrieden abtastete
und an Kaspers Unterlippe patriotischer Geifer
wie
Tau in der Morgensonne glänzte.

Wir Ältesten aber die Moloch erlebt hatten
sein Feuer sein Gas sein Gift
und Ruinen und Tod
wir saßen derweil unterm Nussbaum auf der Anhöhe
überm Land
und riefen ins Land hinein:

Leute lasst ab vom Bösen Geist er führt euch
in die Sünde zuerst und ins Verderben zuletzt!
Und ist nicht dieser Kasper der einzige Artfremde
unter uns?
So jagt denn ihn!

Sie aber frohlockten und sprachen:
Jaja das ist unser Mann der uns Ordnung schafft und
den Karren auf den rechten Weg und
so schlimm wie's damals war
kann's nie und nimmer werden.

Und Kasper feixte gönnerhaft
schlug einen Purzelbaum und
beklopfte sich rüpselnd den Bauch.

Auf ihrem rechten Weg den Karren schiebend
winkten sie nochmals lachend zurück
dann holte sie unversehens der Teufel.

Da trat der Jenische zu mir und sprach
in seinem schleppenden synkopierten Tonfall:
Mich haben sie vergessen
Chef
sucht mir nun ein Weib
in den Wüsten und Dschungeln
auf dass wir neu beginnen.

Ich wachte auf
die Sonne lächelte mild
ich stieg den Hügel hinab
und fand noch alles beim Alten
als hätt's nie ein Gestern gegeben

ich setzte mich zum Jenischen vor die Baracke
er hörte mit Hämmern auf
wir nickten uns zu und er sprach:
Salü Chef
erst in hundert Johr komme d'Heide
gelle?
Hm
antwortete ich
hm.

hàsebeck em haxekrüt
frasse unsri galerüewe
zer müssik vàn spàtzebüewe
un s àckerlànd krejt gansehüt

## From Mary

Das Foto
wiedergefunden in der Schatulle des Alten
auf der Rückseite zwei Worte:
from Mary

Ihr Gesicht
eine Hälfte Licht eine Hälfte Schatten
ihr Gesicht
zur Seite gewandt
denn:
Mary's gone away
nur den Blick lässt sie zurück
fragend:

Ich wartete auf dich und du kamst nicht
warum?
Heimat sagtest du
Heimat? sag ich: die Enge der Armut
und nun die Lüge.
Heimat? sag ich
das wären wir gewesen du in mir und
ich in dir
irgendwo und überall
jetzt ist's zu spät.

Draußen brennt der Ahorn
wir sind immer noch arm
doch das Land ist unendlich weit.

Draußen brennt der Ahorn.
Heirate bevor es Winter wird
sagt Vater
und schau nicht mehr zurück.

Draußen brennt der Ahorn.

Das Foto mit dem fragenden Blick
in den Umschlag gesteckt
die Adresse geschrieben mit Tintenstift
und den Brief nie abgeschickt
es war zu spät.

Und es kamen zwei Kriege und nach dem letzten
fuhr eine lange Limousine durchs Dorf
der Fremde gab den Brief dem Alten ab
from Mary.
Lebt sie noch? fragte er
und bald darauf war auch er tot.

Das Foto nun in meiner Hand
verblasster Schatten verblasstes Licht
und der Blick
from Mary
es war vor hundert Jahr'.

Zwei Parallelen laufen nun
diesseits und jenseits des Ozeans
in die Unendlichkeit

dorthin wo der Ahorn ewig brennt.

## Lied

Ich wusste nicht woher sie kam
noch wer sie war
eines Tages war sie da
schritt über die Heide den Grabstock in der Hand
und lockerte die Erde.

Nackt war damals mein Land
verödet Hügel bei Hügel
kein Leben kein Lied und kein Traum
so trostlos die Leere in mir.

Da stand sie plötzlich vor mir und sprach:
Beleb' nun das Land so dass es wieder werde
und nicht mehr so stumm sei Hügel bei Hügel.

Und ich pflanzte Nuss- und Kirsch- und Apfelbaum
auf jeden Hügel einen
und sie stand in ihrem Schatten
wie ein unbeweglicher Tanz
wie ein ungesagtes Gedicht
und die Nuss färbte ihr Haar
die Kirsche ihre Lippen
der Apfel ihre Wangen.

Als mein Land fertig war
sah ich sie fortwehen
in einem Dunstschleier ins Abendrot
einen Henkelkorb am Arm
sie warf mir eine Handvoll Nüsse zu:
Damit du mich nicht vergisst!
rief sie

und lachte wie Lerchen lachen und Turteltauben
dann entschwand sie.

Seitdem
wenn mein Land mir wieder zu veröden droht
nehme ich den Grabstock den sie zurückgelassen
lockere die Erde und lasse neu hervorsprießen
Apfel Kirsch' und Nuss
Leben Lied und Traum

und ich weiß sie ist da
sie der unsichtbare Tanz
sie das ungesagte Gedicht
unter den Obstbäumen meines Lands.

## Die Sauerkirsche

Die uralte Frau klaubt den Lehmkloß
aus den Zinken der Harke in ihm
eingebacken weinrotes Fossil
schillernd vor Tau und Sonne der Re-
genwurm 's ist Spätjahr die Bachstelze
von Scholle zu Scholle wird die Ur-
alte mir den Wurm die Bachstelze
tänzelnd wippend sich anbiedernd sag
Frau wirst du wirst du mir den Wurm die
uralte Frau beschnuppert den Herbst-
tau die Brise die Sonne den Wurm die
Stelze und sagt: ein andermal du
und scharrt mit der Schuhkappe ein Loch
für den Kloß den Wurm Liebgott murmelnd
lass mich hundert werden.

Wirsingkohl in zwei Sechserreihen
die Halskrausen bäurisch hochgestellt
einbeinige Kopfgnome auf dem
Marsch durch den Wintergarten an der
Erdbeerrabatte haltgemacht wo
Verkrüppeltes an langen Schnüren
vom Platzregen lehmig plattgetascht
Stanniolfäden noch vereinzelt
an Stecken zitternd und aufflatternd
krächzen die Raben und die kleine
bucklige uralte Frau führt die
Halskrausen und Gnomköpfe von Rain
zu Rain fragt schaffen wir's noch einmal
durch die kalte Zeit? Liebgott murmelnd
lass mich hundert werden.

Im Ofen der jähe Knall des Scheits
der Hund jault leis im Traum aus der Uhr
tropfen Kindheitsängste Hexen gab's
damals und Armeseelen auf Irr-
fahrt und jetzt die Stille verdickt wo
greifen die Hände durch nach jemand
der käme und bliebe und spräche
Mariamuttergottesmein und
die langen Nächte übers Haus gestülpt
Kälte aus den Ritzen greift nach
den Füßen nur nicht aufgeben jetzt
sing sing Omariahilfunsall
da rauscht der Zug im Rauhreif vorbei
und Stimmen aus dem Radio: wir sind
bei dir der Hund schnarcht und flügelleicht
streichelt Trautes Wangen und Hände
so ist's gut murmelt die Frau Liebgott
lass mich hundert werden.

Da stand der Fremde plötzlich vor ihr
was sinnst du fragte er sie ich träum von
einer Sauerkirsche sagte sie
Sauerkirschen zum Einlegen du
magst sie doch auch und im Frühjahr hätt
ich ein Bänklein drunter und säße
im Schneeblust da hatte der Fremde
auch schon Spaten und Bäumchen schillernd
brach die Scholle es rieselte die feuchte
Krume zwischen das Wurzelgeflecht
Liebgott Liebgott murmelte die Frau
und es fragte der Fremde weshalb
denn willst du hundert werden Mutter?
halt deiner Sauerkirschen wegen
sprach sie als er entschwand.

güedi zit
hàmfelswiis zàmmedrawe
vàn de baeim vàn de rawe
fers morm vàm hit

# Worterklärungen

*'s and:* das Ende; *bare:* Bären; *blande:* blenden; *beck:* Böcke; *blej:* Blei; *bliëj:* blühe; *brand:* Brände; *büewe:* Buben; *diiwel:* Täubchen, hier: Friedenstaube; *döisig:* tausend; *fiir:* Feuer; *galerüewe:* gelbe Rüben; *glüwe:* klauben; *hàmfelswiis:* handvollweise; *hàse:* elsäss. Spottname für Innerfranzosen; *kiëj:* Kühe; *krejt:* kriegt; *latt:* Lehm; *lawe:* Leben; *liir:* Leier; *miëd:* müde; *morm:* morgen; *nemi:* nicht mehr; *'ni:* euch; *raeitzelt:* schaukelt; *rawe:* Reben; *reesele:* Röslein; *sawe:* sagen; *spàtze:* elsäss. Spottname für Deutsche; *seer:* wund; *vaijele:* Vöglein; *waldi:* welk; *wajstiir:* Orientierung; *worre:* geworden.

# Inhalt

## Über den Autor

André Weckmann (1924-2012), Germanistikstudium in Straßburg. Pädagoge und Schriftsteller. Er veröffentlichte Essays, Manifeste, Erzählungen und Romane in deutscher und französischer Sprache, Lyrikbände im niederalemannischen Dialekt und auf Hochdeutsch, Hörspiele und Fernsehfilme in Alemannisch, Deutsch und Französisch. Für sein umfangreiches literarisches Werk wurde er mit zahlreichen Literaturpreisen geehrt.